TRACE / TRAZA

TRACE / TRAZA

by

Iliana Rodríguez

Bilingual edition

Translated from Spanish and edited

by

Arthur Gatti
and
Roberto Mendoza Ayala

Introduction by
Blanca Luz Pulido

Illustrated by
Guillermo Rodríguez Camacho (Kamacho)

Cover design by
Alonso Venegas Gómez
based on illustrations by Guillermo Rodríguez Camacho

PUBLISHING
NEW YORK • MÉXICO

2017

Copyright © 2017 by Iliana Rodríguez Zuleta

All rights reserved. This book or any portion thereof may not be reproduced or used in any manner whatsoever without the express written permission of the publisher except for the use of brief quotations in a book review or scholarly journal.

First printing: 2017

ISBN: 978-0-9982355-4-7

Designed and typeset in New York City by:

Darklight Publishing LLC
8 The Green Suite 5280
Dover, DE 19901

All of the illustrations in this book are the work of Ing. Arq. Guillermo Rodríguez Camacho.

Cover and back cover: Cimientos de la ciudad (untitled). Details. 1994. Ink drawing. 21.5 X 28 cm. Signed: "Ing. Arq. Kamacho." Family archive.

Page 23. *Paisaje citadino*. Ca. 1953. Linocut. 33 X 18.5 cm. Signed: "g.r." Courtesy of Taller de Gráfica Popular.

Page 39. *Retrato de la Mtra. Iliana Rodríguez Zuleta*. 2003. Ink drawing. 28 X 35 cm. Signed: "Arq. Kamacho." Family archive.

Page 89. *Un nuevo sol*. Without date. Linocut. 12.6 X 17.6 cm. Signed: "Kamacho." Family archive.

Page 121. *La sirena*. Ca. 1992. Linocut. 19.8 X 14.4 cm. Signed: "Kamacho." Family archive.

Page 133. Manos (untitled). 1983. Ink drawing. 28 X 21.3 cm. Signed: "Ing. Arq. Kamacho." Family archive.

Iliana Rodríguez photograph on back cover by Rosario Covarrubias.

Contents

Gate..11

The shreds

Shreds 18
Grove 20
The gone shadows 24
Conjecture 26
The river 28

The city

The names..32
At the place where the water runs 34
At the place of the white shield 36
On the mound of earth....................................40
La Concepción...44
The avenue (without Duchess Job) 46
Dog eyes..48
Mermaid in the city 50
Mermaid at the café..54
To speak as a mermaid 56
The scream 60
Pieces...62
Selfie..64

The photograms

Photograms..68
The dwelling..70
Instant 72

The noises 74
Termites 76
Floors 78
Rooftops 82
In my window 84
Geometries 86
About volcanoes 90
Conversions 92
    1 92
    2 92
    3 92
    4 92
    5 94
    6 94
    7 94
    8 94
    9 96
    10 96
    11 96
    12 96
    13 96
    14 98
    15 98
    16 98

The daggers

Dark blood 102
Magnificent daggers of flowers 104
    1 104
    2 104
    3 106

4	106
5	106
6	108
7	108
Like flames	110
The street	112
There will be silence	114
They're fading	116

The salt face

On cities and mermaids	122
Mite	124

The flashes

Downtown	128
Gouache	130
Strokes	134
The white road	136
The secrets	138
Polyhedron	140
Star-soaked windshield	142
Night	144
Rabbit on the run	146
1	146
2	146
3	148
4	148
To rise	150
Iliana Rodríguez Zuleta	152
Guillermo Rodríguez Camacho	156

Índice

Puerta 13

Los jirones

Jirones 19
Arboleda 21
Las sombras idas 25
Conjetura 27
El río 29

La ciudad

Los nombres 33
En el lugar por donde corre el agua 35
En el lugar del escudo blanco 37
En el montículo de tierra 41
La Concepción 45
La avenida (sin la duquesa Job) 47
Ojos de perro 49
Sirena en la ciudad 51
Sirena en el café 55
Hablar como sirena 57
El grito 61
Piezas 63
Selfi 65

Los fotogramas

Fotogramas 69
La morada 71
Instante 73

Los ruidos 75
Termitas 77
Pisos 79
Azoteas 83
En mi ventana 85
Geometrías 87
De volcanes 91
Mudanzas 93
    1 93
    2 93
    3 93
    4 93
    5 95
    6 95
    7 95
    8 95
    9 97
    10 97
    11 97
    12 97
    13 97
    14 99
    15 99
    16 99

Las dagas

Oscuras sangres 103
Magníficas dagas de flores 105
    1 105
    2 105
    3 107

4	107
5	107
6	109
7	109
Como llamas	111
La calle	113
Habrá silencio	115
Se apagan	117

El rostro de sal

De ciudades y sirenas	123
Ácaro	125

Los destellos

Downtown	129
Aguada	131
Trazos	135
El blanco camino	137
Los secretos	139
Poliedro	141
Parabrisas mojado por estrellas	143
Noche	145
Conejo en fuga	147
1	147
2	147
3	149
4	149
Elevarse	151
Iliana Rodríguez Zuleta	154
Guillermo Rodríguez Camacho	157

Gate

IN THIS COLLECTION OF POEMS, the reader will find the watermarks of a real, imaginary and fantastic city that beats beneath the sidewalks, in the sun, in the wind that knocks the trees down, in the reflection of the light in the puddles after the rain.

Iliana Rodríguez knows how to delineate with words the solicitations, the elusive messages that draws in the streets the night "of long avenues / as expectations"; the trees, whose "mineral blood drags / the dark secrets"; the wind, which destroys and transforms; and even the inhabitants of the city, who turn into figures in her poems, into ink signs of a dance sometimes luminous and sometimes dark: "Maybe you're a shadow. / A pencil stroke / blotted out by the winds."

The poet writes: "I would like to decipher / the ideogram of my palm: / the sign that defines. / Then I watch my hand / tracing / these words / with its brush." Her hand thus becomes a brush, and her fingers form a drawing in the poems of *Trace* in which we recognize ourselves. Iliana Rodríguez, a growing voice in the poetry of Mexico, makes the signs of the city and the world turn around in her threshold of water and light, in these poems.

Blanca Luz Pulido

Puerta

EN ESTE POEMARIO, el lector encontrará las huellas de agua de una ciudad real, y a la vez imaginaria y fantástica, que late por debajo de las aceras, en el sol, en el viento que derriba los árboles, en el reflejo de la luz en los charcos después de la lluvia.

Iliana Rodríguez sabe leer y dibujar con palabras las solicitaciones, los mensajes elusivos que traza en las calles la noche, "de avenidas largas / como esperanzas"; los árboles, cuya "sangre mineral arrastra / los secretos oscuros"; el viento, que destruye y transforma, y los habitantes mismos de la ciudad, que en estos poemas se convierten en figuras, en signos de tinta de una danza a veces luminosa y otras oscura: "Quizás eres una sombra. / Un trazo a lápiz / que los vientos borronearon".

Escribe la poeta: "Quisiera descifrar / el ideograma de mi palma: / el signo que define. / Miro entonces que mi mano / traza / con su pincel / estas palabras". Su mano se convierte, así, en un pincel, y sus dedos forman en los poemas de *Traza* un dibujo en que nos reconocemos. Iliana Rodríguez, voz creciente en la lírica de México, hace girar los signos de la ciudad y del mundo, en su umbral de agua y luz, en estos poemas.

Blanca Luz Pulido

TRACE / TRAZA

To the memory of my father, the painter, graphic artist and architect
Guillermo Rodríguez Camacho (Kamacho)

A la memoria de mi padre, el pintor, grabador y arquitecto
Guillermo Rodríguez Camacho (Kamacho)

THE SHREDS

LOS JIRONES

Iliana Rodríguez

SHREDS

I do not understand this river flowing in cold grays:
this river that is not river.
I do not understand the writing of its fish: they are not fish.
I do not understand these trees behind the window.
I do not understand the windows.

Throughout, I decipher a forest:
the crowd in this street
or eucalyptus
crying out with their arms to the skies.

The skies are not skies; they are the shreds of the skies.

JIRONES

No entiendo este río que fluye en grises fríos:
este río que no es río.
No entiendo la escritura de sus peces: no son peces.
No entiendo estos árboles detrás de la ventana.
No entiendo las ventanas.

A través, descifro un bosque:
la multitud en esta calle
o eucaliptos
que claman con los brazos a los cielos.

Los cielos no son cielos: son jirones de los cielos.

Iliana Rodríguez

GROVE

The grove spreads its shadows,
as if wanting to reach some memory.

It is a grove that runs
parallel to this street.
To my street, which no longer has a grove.
To this street
which throws its shadow over buildings
because it wants to reach some memory.

ARBOLEDA

Extiende sus sombras la arboleda,
como si quisiera alcanzar algún recuerdo.

Es una arboleda que corre
paralela a esta calle.
A mi calle, que ya no tiene más una arboleda.
A esta calle
que tiende su sombra en edificios
porque quiere alcanzar algún recuerdo.

Iliana Rodríguez

THE GONE SHADOWS

In vain these towers grow.
Their crystals evoke
the figures of other times:
like lagoons of clear waters,
they reflect the invisible volcanoes.
The perpetual snows
or the clouds.
In this Promenade there are remnants.
The sidewalks remember
the gone shadows.

LAS SOMBRAS IDAS

En vano crecen estas torres.
Sus cristales evocan
las figuras de otros tiempos:
como lagunas de nítidas aguas,
reflejan los volcanes invisibles.
Las perpetuas nieves
o las nubes.
En este Paseo hay resabios.
Las aceras rememoran
las sombras idas.

Iliana Rodríguez

CONJECTURE

Signs of a valley in the city:
roadways that lead there.

Lagoon, as its epithet.
Volcanoes, as in a chronicle.
The hypothetical *huizaches*,
the plausible *ahuehuetes*.

The ancients sail from afar:
shadows by the channels of shadow.

This conjecture is broken
at the untempering of crystals,
at the unforced concrete.

These shadows,
where once, in another time,
was a valley.

CONJETURA

Indicios de un valle en la ciudad:
calzadas que conducen.

Laguna, como su epíteto.
Los volcanes, como en una crónica.
Los hipotéticos huizaches,
los plausibles ahuehuetes.

Los antiguos navegan desde lejos:
sombras por los canales de la sombra.

Esta conjetura se quebranta
en la destemplanza de cristales,
en el concreto desarmado.

Estas sombras,
donde una vez, en otro tiempo,
un valle.

Iliana Rodríguez

THE RIVER

Through this street flows a river:
cars, trolleybuses, motorcycles.

I imagine they are fish.

Shadow and dampness.
Stones smoothed by time.

EL RÍO

Por esta calle fluye un río:
autos, trolebuses, motos.

Yo imagino que son peces.

Sombra y humedades.
Piedras lisas por el tiempo.

THE CITY

LA CIUDAD

Iliana Rodríguez

THE NAMES

Around the circuit, quickly, by car.
The lights are streaking in my eyes.
In bursts, visions.
To the left I intuit
a walled house.
A man in the exile of his name.
With an ice axe they fatally wound him.
There was no wall enough to guard him.

They overtake me. Over there, in a hurry.
To the right, looking askance,
I glimpse a bed,
also of death.
Who knows if in this Pantheon they all
sleep as gods.
Or just the little sister.

Vertigo. Car horn getaways.

I feel the river.
I slip by its current in shadows.
It flows secretly
under the asphalt.
In a tunnel it escapes toward another time.

From its waters a hummingbird is shaped, or I imagine it.
The Churubusco River is just a name
which is a river.

LOS NOMBRES

Por el circuito, con rapidez, en automóvil.
Las luces se rayan en mis ojos.
En ráfaga, visiones.
A la izquierda intuyo
una casa amurallada.
Un hombre en el exilio de su nombre.
Con un piolet lo hirieron de muerte.
No hubo tapia que lo resguardara.

Me rebasan. Por allá, en celeridad.
A la derecha, de reojo,
atisbo un lecho,
también de muerte.
Quién sabe si en este Panteón duerman
todos como dioses.
O solo la pequeña hermana.

Vértigo. Fugas de claxon.

Presiento el río.
Me deslizo por su corriente en sombras.
Transcurre secretamente
por debajo del asfalto.
En túnel se escapa hacia otro tiempo.

De sus aguas se forma un colibrí o lo imagino.
El Río Churubusco es solo un nombre
que es un río.

Iliana Rodríguez

AT THE PLACE WHERE THE WATER RUNS

Atoyac.
Here was a village
with its cross:
The cross at the place
where the water runs.

Here, a shopping mall
or a palimpsest.
The escalators climb me up into the sky.
I like to be Madonna in the Cielito.
I'd like even more
to be myself at seventeen.

Time is running out
at this place
with a cross.

I feel in the temples an artificial waterfall
or internal source
where the water
—still—
runs.

Trace / Traza

EN EL LUGAR POR DONDE CORRE EL AGUA

Atoyac.
Aquí hubo un pueblo
con su cruz:
la cruz del lugar
por donde corre el agua.

Aquí, una plaza comercial
o palimpsesto.
Las escaleras eléctricas me suben al cielo.
Me gusta ser Madonna en el Cielito.
Más me gustaría
ser yo misma a los diecisiete.

El tiempo se fuga
por este lugar
con cruz.

Siento en las sienes una cascada artificial
o fuente interna
por donde corre
—aún—
el agua.

Iliana Rodríguez

AT THE PLACE OF THE WHITE SHIELD

In the old bookstore's café.
You and me, cappuccino, cell phone, the calm.
Chimalistac is a village on Sundays.
(Its secret square beats.)

Suddenly, my purse is moving:
a thief steals my wallet.
He burst into the paradise.
He's taken more than a fruit.
He stripped us of the whole tree.
He dried out our four rivers.

Sad, we look at each other:
Shall we not enter the gate
now guarded by cherubim?
Has the white shield been ruined?

We will keep coming to this café,
but I feel like Santa
after
the troop has left.

There are days I hate
with my soul
this country.

EN EL LUGAR DEL ESCUDO BLANCO

En el café de la antigua librería.
Tú y yo, capuchino, celular, la calma.
Chimalistac es un pueblo los domingos.
(Su secreta plaza late).

De pronto, mi bolsa se mueve:
un ladrón hurta mi cartera.
Irrumpió en el paraíso.
Se llevó algo más que un fruto.
Nos despojó del árbol todo.
Nos secó los cuatro ríos.

Tristes, nos miramos:
¿ya no entraremos por la puerta
que ahora custodian querubines?
¿El escudo blanco se ha arruinado?

Seguiremos viniendo a este café,
pero me siento como Santa
después
de que se fue la tropa.

Hay días en que detesto
con el alma
este país.

Iliana Rodríguez

ON THE MOUND OF EARTH

Here, under the shadow of this tree,
I used to dream.
I used to weave my future
like the ribs on its leaves,
like its roots
beneath the Mound of Earth
or Tlatelolco.

Here, the intrepid voyages;
the immortal books, there.
The high studies here; the raptured
passions, there.

Many years after,
I come back.
I haven't known how to be Ulysses.
Nor have I been able to travel the world,
only time.

I haven't seen the Seven Wonders
just the ruins of a world
that survives in the memory.
Even in my own city,
I haven't achieved
roaming the streets:
I only peek behind my window.

A woman like me
should be the glorious Penelope,
but I never wanted to wait for a hero.

EN EL MONTÍCULO DE TIERRA

Aquí, bajo la sombra de este árbol,
yo soñaba.
Entramaba mi futuro
como las nervaduras en sus hojas,
como sus raíces
en el Montículo de Tierra
o Tlatelolco.

Aquí, los intrépidos viajes;
los libros inmortales, allí.
Acá, los altos estudios; las arrebatadas
pasiones, allá.

Muchos años después,
yo vuelvo.
No he sabido ser Ulises.
Tampoco he podido recorrer el mundo,
solo el tiempo.

No he visto las siete maravillas
sino las ruinas de un mundo
que sobrevive en la memoria.
Y en mi propia ciudad,
no he logrado
vagabundear por las calles:
solo espiar detrás de mi ventana.

Una mujer como yo
debería ser la gloriosa Penélope,
pero nunca quise esperar a un héroe.

Iliana Rodríguez

Rather, I wanted to be the heroine:
And I'm still waiting for me
as I weave and unknit
these bitter lines.

Más bien, yo quería ser la heroína:
y aún me sigo esperando
mientras tejo y destejo
estas amargas líneas.

Iliana Rodríguez

LA CONCEPCIÓN

The trills do not weave the treetops.
There is no wind that carries the clouds away.

I linger in the Café Plaza,
at Plaza de la Concepción.
While sipping another Viennese coffee,
I explain it to anyone, writing with light,
on the screen:

Right here, centuries ago,
maybe Malintzin did live
—in the Casona Colorada, now Rina
would like to paint her shadow.

Malinalli, without shrine, waits
like a goddess.
She speaks in tongues, she knows
she has lost everything.
Perhaps she listens to the spring,
glimpses into the pond.
She forgets the memories.
Ignores omens.
—They will steal everything from you, even the children.
The grass, Marina: the name, the words.

I return to December 8th, in a year without grace,
Day of Conception
in which I conceive these misfortunes.

LA CONCEPCIÓN

Los trinos no tejen las copas.
No hay viento que se lleve las nubes.

Me demoro en el Café Plaza,
en la Plaza de la Concepción.
Mientras tomo otro café vienés,
le cuento a nadie, con letras de luz,
en la pantalla:

Aquí mismo, hace siglos,
vivió acaso la Malintzin
—en la Casona Colorada, ahora Rina
quisiera pintar su sombra.

Malinalli, sin capilla, espera
como una diosa.
Habla en lenguas, sabe
que lo ha perdido todo.
Quizás escucha el manantial,
atisba en el ojo de agua.
Olvida los recuerdos.
Ignora los presagios.
—Todo te robarán, hasta los hijos.
La hierba, Marina: el nombre, las palabras.

Vuelvo al 8 de diciembre, de un año sin gracia,
Día de la Concepción
en que concibo estas desdichas.

Iliana Rodríguez

THE AVENUE (WITHOUT DUCHESS JOB)

She walks without arriving, this avenue:
I see her.
From a house that imprisons
voices into the walls of its patio:
I listen to her.
She walks without arriving.
She gets tired of the end of the centuries
in which the world never ends.
She comes or goes, who knows?
Maybe she cries for her children at night,
maybe
for having lost her way.
The tiles, meanwhile, despair:
nobody wants to decipher the faces.

She walks without arriving
and I see her.

LA AVENIDA (SIN LA DUQUESA JOB)

Camina sin llegar esta avenida:
yo la veo.
Desde una casa que aprisiona
las voces en los muros de su patio:
yo la escucho.
Camina sin llegar.
Se cansa de los fines de los siglos
en los que el mundo nunca se termina.
Va o viene, ¿quién lo sabe?
Tal vez clama de noche por sus hijos,
tal vez
por haber perdido el rumbo.
Los azulejos, entre tanto, desesperan:
nadie quiere descifrar los rostros.

Ella camina sin llegar
y yo la veo.

Iliana Rodríguez

DOG EYES

His eyes open hyperbolically.
His eyes: lustrous flesh in black and white.
Perhaps in tears,
tears only to moisten
dog eyes
in the middle of an avenue.

In droves.
The projectiles.
The eyes of the dog.
In an unlikely way.

He crosses.
Dog eyes
alive
watching confidently.

OJOS DE PERRO

Sus ojos se abren hiperbólicos.
Sus ojos: carne lustrosa en blanco y negro.
Acaso en lágrimas,
lágrimas solo para humectar
ojos de perro
en la mitad de una avenida.

En tropel.
Los proyectiles.
Los ojos del perro.
De manera inverosímil.

Cruza.
Ojos de perro
vivo
observan a mansalva.

Iliana Rodríguez

MERMAID IN THE CITY

I dreamed I was plucked out of the sea.

Behind were
the channels of sand,
my bed in shadows,
the lace of foam.

I was left in a strange place:
this city.
I was a woman in a maze
of buildings.
I wanted to get out, but deep inside I knew
the monster
was me.
My lost eyes,
my heavenly heart.

At noon, when the amber
traffic light
reminded me of another lighthouse,
I was stranded in the middle of the street
while people howled
profanity.
I howled too,
but in marine language,
that no one understands.

Maybe I came out of the maze.
I entered another.

SIRENA EN LA CIUDAD

Soñé que me arrancaban del mar.

Atrás quedaban
los cauces de arena,
mi lecho en sombras,
los encajes de la espuma.

Me dejaban en un lugar extraño:
esta ciudad.
Era una mujer en un laberinto
de edificios.
Quería salir, pero en el fondo sabía
que el monstruo
era yo.
Mis ojos extraviados,
mi corazón celeste.

Al mediodía, cuando el semáforo
en ámbar
me recordaba otro faro,
me quedaba varada en medio de la calle
mientras los demás aullaban
improperios.
Yo aullaba también,
pero en lengua marina,
que nadie entiende.

Quizá salí del laberinto.
Entré a otro.

Iliana Rodríguez

I wander by this avenue.
Anyway, they call me with insults.

The buildings sink.
I decide to immerse myself.

I fall asleep in the subway.
I dream I'm a mermaid
plucked out of the sea.

Deambulo por esta avenida.
Igual me dicen improperios.

Los edificios se hunden.
Decido sumergirme.

En el subterráneo me duermo.
Sueño que soy una sirena
que arrancaron del mar.

Iliana Rodríguez

MERMAID AT THE CAFÉ

To the right: minimalist
makeup, ironed
hair, tablet, chai.

No particular signs.

No more particular
signs than being herself.

No one knows where she was seen last time.
She got lost on this site
sipping a chai.
(Sites are virtual.)

Or nobody looks at her,
nor does she look.

She navigates without arriving at a good port.
There are no ports here.
If anything,

a guarded door.

SIRENA EN EL CAFÉ

A la derecha: maquillaje
minimalista, pelo
planchado, tableta, chai.

Sin señas particulares.

Sin más señas
particulares que ser ella misma.

Nadie sabe dónde se le vio la última vez.
Se extravió en este sitio
tomando un chai.
(Los sitios son virtuales).

O nadie la mira y ella
tampoco mira.

Navega sin llegar a buen puerto.
Aquí no hay puertos.
Si acaso,

alguna puerta vigilada.

Iliana Rodríguez

TO SPEAK AS A MERMAID

I would like to decipher
the sound of the waves
on the asphalt.
On the asphalt, to speak as a mermaid.
To speak the language of the seas.
To be the voice that calls
from the next cliff.

I would like to repeat the words
bouncing on the snail
of the ears.
The words of foam
on your pillow.

I would like to hear
the odyssey
whispered among them all,
which they sing and scream
in the underground trains, buried.
Words leaking
through the thin walls
of the buildings.

I would like to know the secrets of blood
that smears the hospital
sheets, holy
shrouds
that are purified
in industrial laundries.

HABLAR COMO SIRENA

Quisiera descifrar
el sonido del oleaje
en el asfalto.
Sobre el asfalto, hablar como sirena.
Hablar el lenguaje de los mares.
Ser la voz que llama
desde el otro acantilado.

Quisiera repetir las palabras
que rebotan en el caracol
de los oídos.
Las palabras de espuma
sobre tu almohada.

Quisiera escuchar
la odisea
que entre todos susurran,
cantan, gritan
en los trenes subterráneos, enterrados.
Las palabras que se filtran
por las paredes delgadas
de los edificios.

Quisiera saber los secretos de la sangre
que se embarra en las sábanas
de hospital, santos
sudarios
que se purifican
en lavanderías industriales.

Iliana Rodríguez

I would like to decipher
the murmur of foliage
that conjures up the skies.
The whining
of the lacerated trunk.
The rustle of roots
that grow
without anyone noticing,
until they break the concrete.

I would like to speak a language
that tastes like earth,
as a last bite.

I would like to speak
an old language.
A mineral language, of clay
and wind.

Trace / Traza

Quisiera descifrar
el murmullo del follaje
que a la bóveda conjura.
Los plañidos
del tronco lacerado.
Los crujidos de raíces
que crecen
sin que nadie lo note,
hasta que rompen el concreto.

Quisiera hablar un lenguaje
que sepa a tierra,
a último bocado.

Quisiera hablar
un lenguaje antiguo.
Un lenguaje mineral, de arcilla
y viento.

Iliana Rodríguez

THE SCREAM

It unfolds in cirrus,
it wears away
in this square without pedestrians.

End of the party.
Nothing. Maybe trash,
smoke,
flares that do not end with the night.

The scream has been consummated:
it was consumed without heroes.
And the scream of Munch in this square is too much.

(Tiredness,
a plastic bag on the floor.)

EL GRITO

Se deshilvana en cirros,
se consume
en esta plaza sin peatones.

Fin de fiesta.
Nada. Acaso basura,
humo,
bengalas que no acaban con la noche.

Se ha consumado el grito:
se consumió sin héroes.
Y el grito de Munch en esta plaza es demasía.

(Hartazgo,
bolsa de plástico en el suelo).

Iliana Rodríguez

PIECES

Girded pieces at a crossroad.
Not faces: intentions
of silhouettes.
Absurd puzzle,
that no one asked
to assemble.

They—who?—
invade my spaces,
interstices.

Converging street in my guts.

PIEZAS

Piezas ceñidas en un cruce.
No los rostros: las intenciones
de siluetas.
Rompecabezas absurdo,
que nadie pidió
armar.

Ellos —¿quiénes?—
me invaden espacios,
intersticios.

Bocacalle en mis entrañas.

Iliana Rodríguez

SELFIE

My shadow runs off
like graffiti on the wall.
It's the avatar of a video game,
but not of a god.

The moon over the alley.
I would say it bleeds,
if it were not a
commonplace
to bleed in my country.

Another generation is lost.
Without a howl.

Silence.

Words do not matter.
Mine less, a lot less.
They're waited on
by webs
like those of spiders in the shade.

Time is running out.
A wolf doesn't prowl, but there is someone:
my own *emoji*.

My cry (in its technical reproduction)
make these asphalts shudder.

SELFI

Mi sombra se fuga
como grafiti por la barda.
Avatar de un videojuego,
pero no de un dios.

La luna sobre el callejón.
Diría que se desangra,
si no fuera un lugar
común
desangrarse en mi país.

Se pierde otra generación.
Sin aullido.

Silencio.

No importan las palabras.
Menos las mías, mucho menos.
Las esperan
las redes
como de arañas en la sombra.

Se agota el tiempo.
No merodea un lobo, pero hay alguien:
mi propio *emoji*.

Mi grito (en su reproducción técnica)
estremece estos asfaltos.

THE PHOTOGRAMS

LOS FOTOGRAMAS

Iliana Rodríguez

PHOTOGRAMS

I dream with a dream this gray morning:
drops also wet me in the memory.
In photograms, you rain on me.
You rhythm me, you delve me, you sail me.
You look at me and I am made of water.
I'm water.
In water, you're water.
Rivers. Trees
spilling through the skies.
The fish, the stars.
Echoes, scents.
Woods and night.
Metals, piano bursts
for the shadows of ghosts.
In my white room of a white building,
this ephemeral morning
of rain,
I dream of you in my delirium or memories.
I dream of a night.
With our images that float
on the screens of the ages.

FOTOGRAMAS

Sueño con un sueño esta mañana gris:
las gotas me mojan también en la memoria.
En fotogramas, tú me llueves.
Tú me ritmas, me ahondas, me navegas.
Me miras y soy de agua.
Soy agua.
En agua, eres agua.
Ríos. Árboles
que se derraman por los cielos.
Los peces, las estrellas.
Los ecos, los perfumes.
Las maderas y la noche.
Metales, ráfagas en piano
para las sombras de fantasmas.
En mi cuarto blanco de un blanco edificio,
esta mañana
efímera de lluvia,
yo te sueño en mis delirios o recuerdo.
Sueño con una noche.
Con nuestras imágenes que flotan
en las pantallas de las eras.

Iliana Rodríguez

THE DWELLING

I was building a dwelling,
as in dreams.
Made of scents and sounds.

Little by little,
hoping
the wind wouldn't overthrow it.

I wanted to decipher the scripture
of the drops
on the crystals.

I wanted to be, along with you,
on top of the world.

LA MORADA

Construía una morada,
como en sueños.
De aromas y sonidos.

Poco a poco,
con la esperanza
de que no la derrumbara el viento.

Quería descifrar la escritura
de las gotas
sobre los cristales.

Quería ser, contigo,
sobre el mundo.

Iliana Rodríguez

INSTANT

I'm lying in my bed, motionless.
I watch the light filtering
through the blinds or my swollen eyelids.
I hear the steps on the floor above.
I also hear my heartbeats:
they bounce on the pillow.
I blink.
I feel my blood stagnate
—just a little—
in my right foot.
I inhale. My lungs get filled with light.

I'm motionless,
although my guts move.
I close my eyes.
While you sleep next to me, I'm here.
With secrecy. In joy.

And then I discover it:
we float
on the surface of a sacred,
old,
eternal
river.

INSTANTE

Yazgo en mi lecho, inmóvil.
Miro la luz que se filtra
por las persianas o por mis párpados hinchados.
Escucho los pasos en el piso de arriba.
También escucho mis latidos:
rebotan en la almohada.
Parpadeo.
Siento que mi sangre se estanca
—solo un poco—
en mi pie derecho.
Inhalo. Mis pulmones se llenan de luz.

Estoy inmóvil,
aunque las entrañas se mueven.
Cierro los ojos.
Mientras duermes a mi lado, estoy aquí.
Sigilosa. En dicha.

Y entonces lo descubro:
flotamos
sobre la superficie de un río
sagrado,
antiguo,
eterno.

Iliana Rodríguez

THE NOISES

You listen to the noise of the street.
It drills. Must be the traffic. Or the garbage truck.
Inside the walls, my music
in torrents, like the light through the blinds.

Farther inside, the percussions of my heart muscle.
The stream of my blood.
The crackling of my neurons.

Farther inside, farther inside,
the words.

Right in the deep
is the
silence,
where everything comes from.

LOS RUIDOS

Se escucha el ruido de la calle.
Taladran. Será el tráfico. O el camión de la basura.
Dentro de los muros, mi música
a raudales, como luz por las persianas.

Más adentro, las percusiones de mi músculo cardiaco.
El flujo de mi sangre.
El crepitar de mis neuronas.

Más adentro, más adentro,
las palabras.

Justo en el fondo
está el
silencio,
de donde todo emana.

TERMITES

At night
they ate my books.
A tiny bit of a paragraph, just
a stub of some name.
They were eating my bookshelf,
the world.
Every one of their bites was a drop
of a tenacious water drilling
a fake stone.
The wood yielded to their designs.
The papers and the wise
prostrated before them.
In the dark, they triumphed
over San Juan de la Cruz, chess,
Dalí and Mars.
At the end,
also over the Scriptures
or the cellulose that sustained them.
Chaos ensued silent
by the galleries of worms.
It grew like the belly of its queen
or as a black
hole, greedy for lights.
They discarded dust.
Dust of my paths beaten by time.
Dust recalling
the matter of night.

TERMITAS

En la noche,
se comían mis libros.
Un bocado minúsculo de un párrafo, un trozo
apenas de algún nombre.
Se iban comiendo mi librero,
el mundo.
Cada mordisco suyo era la gota
de un agua tenaz que perforaba
una mentida piedra.
La madera cedía a sus designios.
Se les humillaban los papeles
y los sabios.
En la oscuridad, triunfaban
sobre San Juan de la Cruz, el ajedrez,
Dalí y Marte.
Al final,
sobre las Escrituras
o la celulosa que las sustentaba.
El caos advenía en silencio
por las galerías de gusanos.
Crecía como el vientre de su reina
o como agujero
negro, codicioso de las luces.
Desechaban polvo.
Polvo de mis caminos vencidos por el tiempo.
Polvo que recuerda
la materia de la noche.

FLOORS

His alarm clock rings.
It wakes me up before
mine.

I hear him on the floor above.

His feet crawling.
I hear the water from his shower
in the walls.
I imagine his face:
I saw him
once in the elevator.

Today I don't hear her.
I've
never seen her, but I've heard
among endless lover's quarrels,
bitter arguments and sobbing,
the categorical
slamming of the door upon leaving.

Today I hear a drawer that opens,
the steps of feet with shoes,
an electric appliance.
The hurried door.

Maybe they also listen to me at night.
Maybe they listened to the dream
I had yesterday.

PISOS

Su despertador suena.
Me despierta antes
que el mío.

Lo escucho en el piso de arriba.

Sus pies se arrastran.
Oigo el agua de su regadera
en las paredes.
Imagino su rostro:
lo he visto
alguna vez en el elevador.

Hoy ella no se escucha.
A ella
nunca la he visto, solo oído
en lidias de amor interminables,
en agrias discusiones, llanto,
el portazo
categórico al salir.

Hoy se escucha un cajón que se abre,
los pasos de pies calzados,
un aparato eléctrico.
La puerta presurosa.

Quizás ellos también me escuchan por las noches.
Quizás escucharon el sueño
que tuve ayer.

Iliana Rodríguez

We exchange
a sneak peek
in the elevator.

***Trace** / Traza*

Cruzamos
una mirada furtiva
en el elevador.

Iliana Rodríguez

ROOFTOPS

I contemplate whitish rooftops
from my window.
I guess the flowers in the distance.

In the dark sky everything shines.
There is no calm in this vastness.

The great waters are apart,
the stellar torrents flow.
A broken
silence
hangs over me.

Clothes swollen with ghosts.
Dogs barking glow.

The shadow is annihilated
in this light.

AZOTEAS

Contemplo blanquecinas azoteas
desde mi ventana.
Adivino, a lo lejos, las flores.

En el cielo oscuro todo brilla.
No hay calma en esta inmensidad.

Se separan las grandes aguas,
los torrentes estelares fluyen.
Un silencio
roto
se cierne sobre mí.

Las ropas se inflaman con fantasmas.
Los perros ladran resplandores.

La sombra se aniquila
en esta luz.

Iliana Rodríguez

IN MY WINDOW

From my window I see it every winter.
It looks like a reddish, purplish, bluish, white cloud.
Or the clouds look like volcanoes.

The Smoking Mountain attests.
It sleeps in majesty.
It dreams in the snow.

From Coyoacán, Place of Coyotes,
I look at it.
I remember the ancients.
Like my own photo, I'll fade.

EN MI VENTANA

Desde mi ventana lo veo cada invierno.
Parece una nube rojiza, violácea, azulada, blanca.
O las nubes parecen los volcanes.

El Cerro que Humea atestigua.
Duerme en majestad.
Sueña en la nieve.

Desde Coyoacán, Lugar de los Coyotes,
yo lo miro.
Recuerdo a los antiguos.
Como mi propia foto, me iré borrando.

Iliana Rodríguez

GEOMETRIES

To Rosario Covarrubias

I fall asleep looking at the window.

A volcano rabbit
glances upwards.
Almost the last one
in the grasslands, he peeks on
the whiteness.

Snow floats in his memory.
It's the perfect geometry
of my dreams.

GEOMETRÍAS

A Rosario Covarrubias

Me duermo mirando la ventana.

Un conejo de volcanes
voltea hacia lo alto.
Casi el último
en los pastizales, atisba
la blancura.

La nieve flota en su memoria.
Es la geometría perfecta
de mis sueños.

Iliana Rodríguez

ABOUT VOLCANOES

I sense them behind the window.
A woman in sheets of coldness.
The other is eternal, smoky in his blue tones.

They sleep.

Maybe they dream about the ancient
city
with roadways that extend
in the night.

DE VOLCANES

Los adivino detrás de la ventana.
Mujer en sábanas de frío.
Humeante en sus azules, el otro eterno.

Duermen.

Quizás sueñan con la ciudad
antigua,
con calzadas que se tienden
por la noche.

Iliana Rodríguez

CONVERSIONS

1

Tree of fire
in the autumn—the custodian of this, the new house.

2

First
afternoon:
in vermilion
memories live
the *colorín* trees.

3

The night arrives
in fourteen
carnation flowers.
Right beneath the stars.

4

Golden fruit
that silently
ripens:
the Moon
is falling down.

MUDANZAS

1

Árbol de fuego
en otoño custodia la nueva casa.

2

Tarde
primera:
en recuerdos
bermejos,
los colorines.

3

Llega la noche
en catorce
claveles.
Bajo los astros.

4

Fruto de oro
en silencio
madura:
la Luna
cae.

Iliana Rodríguez

5

Behind glass windows, Christmas Eve flowers
bleeding all the long winter.

6

Around the early
sunsets
the tomcat licks
his lengthy
shadow.

7

A candlelight.
In the month of February
tremble
fragile flames.

8

A tree in the cold:
black rods
are stretching
into the graying
heavens.

Trace / Traza

5

Tras los cristales, las nochebuenas
sangran todo el invierno.

6

El gato lame
en tempranos
ocasos
su larga
sombra.

7

Una candela.
En febrero
tremolan
frágiles flamas.

8

Árbol en frío:
negras varas
se estiran
por cielos
grises.

9

Spring is arriving.
A gilded-smoke volcano:
the dawn
erupting.

10

An earthquake:
there are living flashes of lightning
strolling the inside.

11

The wind ululates.
Bougainvilleas on the fly, are like butterflies.

12

We are here at home:
the palms of your hands shelter
the small ladybug.

13

They smell the rain coming
and are impatient,
the dogs
in this summer.

9

Es primavera.
Volcán de humos dorados:
el alba
rompe.

10

Temblor de tierra:
los relámpagos vivos
por los adentros.

11

El viento ulula.
Buganvilias, al vuelo, son mariposas.

12

En casa estamos:
se resguarda en tus palmas
la catarina.

13

Huelen la lluvia,
impacientes,
los perros
en el verano.

14

Like a sudden moss:
the green lizard
is climbing up along the wall.

15

There are bluish tints scattered in the hindmost inks:
the deep azure sky.

16

Swirling
lanterns.
The walls
are falling to sleep.
It's your lukewarm body.

14

Rápido musgo:
por los muros se trepa
la lagartija.

15

Dejos azules en las tintas postreras:
el firmamento.

16

Giran
faroles.
Las paredes
se duermen.
Tu cuerpo tibio.

THE DAGGERS

LAS DAGAS

Iliana Rodríguez

DARK BLOOD

The wind blows with fury,
but I do not know its god name.
It blows on the asphalt: this lagoon.

Trees have fear of it.
It will tear off their limbs
or it will break their trunks.

I hear a noise.
A tree—but I do not know its name—breaks and falls
in front of us.

I have walked daily under its silent shadow.
It slowly threw
its arms to the heavens.
It thrived from the seed
of my death.

Maybe another day
our dark blood will mix
into the incomprehensible river of the wind.

OSCURAS SANGRES

El viento sopla con furia,
pero no sé su nombre de dios.
Sopla sobre el asfalto: esta laguna.

Los árboles le temen.
Arrancará sus miembros
o les trozará los troncos.

Escucho un ruido.
Un árbol —pero no sé su nombre— se quiebra, cae
frente a nosotros.

He caminado a diario bajo su sombra silenciosa.
Lentamente lanzaba
los brazos a los cielos.
Medraba desde la semilla
de mi muerte.

Otro día acaso
se mezclarán nuestras oscuras sangres
en el río incomprensible del viento.

Iliana Rodríguez

MAGNIFICENT DAGGERS OF FLOWERS

*To my dear Maestro,
fallen on February 18th, 2008*

1

You fell on Monday, like a tree.

The afternoon was filled with shadows.
The afternoon darkened secrecies.

(In your mouth was left, pronounced
forever, my mother's name:
precious jade to shelter your breath.)

And I,
like a mirror, was also flooded with shadows,
completely bruised: branches, smoke, nests, roots, ribbing...

Your blood ran in rivers to a sea where everything is nothing.
It erased photos, echoes, voices,
broken statues
inside a museum of blows.

2

They closed your coffin in my face.
You stayed there, blind and invisible.
Without face in my memory.

MAGNÍFICAS DAGAS DE FLORES

A mi querido Maestro,
que cayó el 18 de febrero de 2008

1

El lunes caíste, como un árbol.

La tarde se encharcó de sombras.
La tarde oscureció sigilos.

(En tu boca quedó, pronunciándose,
por siempre el nombre de mi madre:
jade precioso para resguardar tu aliento).

Y yo,
como un espejo, me inundé también de sombras,
cárdena toda: ramas, humo, nidos, raíces, nervaduras...

Corría tu sangre en ríos hacia un mar de todo es nada.
Arrasaba fotos, ecos, voces,
estatuas rotas
en un museo de soplos.

2

Me cerraron tu féretro en la cara.
Quedaste ahí, invidente e invisible.
Sin un rostro en mi memoria.

3

There was an eclipse in the early days of the novena.

The moon was flooded in darkness,
crystals of smoke.

Your light went out, it went out,
and everything seemed baleful.

You yourself were going with each litany.

Until one night
the candle went completely out.

4

(My mother stepped on her own shadow:
she stumbled in the fullness of the day.)

5

I had a dream.

You wore a jade headdress, like an ancient ruler.
You looked at me, in silence.

Is death a silent jade?

3

Hubo un eclipse en los primeros días del novenario.

La luna se anegó en tinieblas,
cristales de humo.

Tu luz se apagaba, se apagaba,
y todo parecía funesto.

Te ibas yendo en cada letanía.

Hasta que una noche
el cirio se apagó del todo.

4

(Mi madre se pisó la sombra:
tropezó en la plenitud del día).

5

Tuve un sueño.

Portabas un tocado de jade, como un gobernante antiguo.
Me mirabas, en silencio.

¿Es la muerte un silencioso jade?

6

I was mourning in the spring.

The jacarandas threw
magnificent daggers of flowers
for a sorrowful one:
fall, blood, face, eclipse, prayer, candle, absence.

At the end,
as they were flowers, they saved me with their strange beauty.

7

Words may save.
I leave it to my hope, because I do not have faith.

With my heart sore, I say goodbye:
my beloved father, farewell.

6

Estuve de luto en primavera.

Las jacarandas lanzaron
magníficas dagas de flores
para una dolorosa:
caída, sangre, rostro, eclipse, rezo, cirio, ausencia.

Al final,
como eran flores, con su extraña belleza me salvaron.

7

Las palabras quizás resguarden.
Lo dejo a mi esperanza porque fe no tengo.

Con el corazón llagado, me despido:
mi dilecto padre, adiós.

Iliana Rodríguez

LIKE FLAMES

To my mother, who doesn't give up

Birds on the ledge. The eucalyptus was murmuring.
Early, behind the crystals.

A bird became entangled.
He looked like a robin
on the wire.
He fought. She tried to free him.

Inhabitant of a third floor,
she fought for the bird the whole morning.
She fought the whole afternoon.
At sunset, she smelled the shadows.
The death rattles.

She cried all night long.
A whole life
hearing the birds on the ledge.
Now the martyrdom
of a beautiful
bird, like flames.

COMO LLAMAS

A mi madre, que no se rinde

Pájaros en la cornisa. El eucalipto rumoreaba.
Temprano, tras los cristales.

Un pájaro se enredó.
Parecía un petirrojo
en el alambre.
Luchó. Ella trató de liberarlo.

Habitante de un tercer piso,
luchó por el pájaro la mañana entera.
Luchó la tarde entera.
A la caída del sol, olió las sombras.
Los estertores.

Lloró la noche entera.
La vida entera
oyendo los pájaros en la cornisa.
Ahora el martirio
de un ave
preciosa, como llamas.

Iliana Rodríguez

THE STREET

Flowers stripping their aroma,
walls recalling only gray tones:
it's the darkest hour of silence.

(On that still street,
I turned into a statue of dust.)

Give me one time
those wet spells.
Gift me with the perfume
that ascends by the shadows.

(In that deaf street,
will the voices of the flowers be heard?)

LA CALLE

Se despojan las flores de su aroma,
los muros rememoran solo grises:
es la hora más oscura del silencio.

(En aquella calle inmóvil,
estatua me volví de polvo).

Regálame una vez
los húmedos conjuros.
Obséquiame el perfume
que ascienda por las sombras.

(¿En aquella sorda calle
se escucharán las voces de las flores?)

Iliana Rodríguez

THERE WILL BE SILENCE

To Ricardo Covarrubias

In this Park the eucalyptus
lose their skin as if they were burnt.
They moan.
The birds fall
like pieces of mud.

I would like to decipher the signs.
Last time it rained
when I was under the bridge
and you were dying.
A song of wind and water was heard.

You wanted to go through. Will there be silence
on the other side?

HABRÁ SILENCIO

A Ricardo Covarrubias

En este Parque los eucaliptos
pierden la piel como quemados.
Plañen.
Los pájaros caen
como trozos de lodo.

Quisiera descifrar los signos.
La otra vez llovió
cuando estaba bajo el puente
y te morías.
Sonaba una canción de viento y agua.

Querías cruzar. ¿Al otro lado
habrá silencio?

Iliana Rodríguez

THEY'RE FADING

You listen to the words like noise.
You contemplate others as letters
that you do not understand.

Maybe you're a shadow.
A pencil stroke
blotted out by the winds.

The storm roars
outside the walls.
The stars go out.

But you do not want to become blind.

SE APAGAN

Escuchas las palabras como ruido.
Contemplas a los otros como letras
que no entiendes.

Quizás eres una sombra.
Un trazo a lápiz
que los vientos borronearon.

La tormenta ruge
fuera de los muros.
Se apagan las estrellas.

Pero no quieres cegar.

THE SALT FACE

EL ROSTRO DE SAL

Iliana Rodríguez

ON CITIES AND MERMAIDS
(remix 2.0)

I contemplate and evoke.

I evoke and shut up. Now that you're dead, father, I look again at the linocut you made to illustrate my text. I would like to hide in that shadow—ghostly, according to your traces—that I left, as a mermaid, in the sea that your gouges chiseled. Because I long for you as a mermaid that dies an unnatural death: fiercely and obtusely, on the pavement. Mexican *calaveritas* lurk in every corner. (My moon harvests me from above: crescent by the absence.)

I was the illustrated one. I, the mermaid: the evocative one, me. Will I always have a salt face?

DE CIUDADES Y SIRENAS
(*remix* 2.0)

Contemplo y evoco.

Evoco y callo. Ahora que te has muerto, padre, contemplo de nuevo la linografía que hiciste para ilustrar mi texto. Quisiera esconderme en esa sombra —fantasmal, según tus trazos— que yo, sirena, dejé en ese mar que cincelaron tus gubias. Porque te añoro como sirena que se muere de muerte innatural: fiera y obtusamente, sobre el pavimento. Calaveritas mexicanas me acechan en cada esquina. (Mi luna me siega desde lo alto: creciente por la ausencia).

La ilustrada fui yo. Yo, la sirena: la evocadora, yo. ¿Tendré para siempre un rostro de sal?

Iliana Rodríguez

MITE

He sweeps the leaves with his stick broom. Motorists dodge him, but they do not see him. They see the splendid trees, the stylized fronds, fresh asphalt. You watch the sweeper doing his job. Or you don't see him: you see the leaves he sweeps. You think they're trash. The waste dwells in your eyes, which strive to look at the neatness of the avenue. Behind the impeccable fabric of your tailored suit, under the skin rubbed with fine soaps, a mite is digging, razing everything. It causes the scabies that is not cured with scabicides. Not even scratching to the bone. This plowman digs its furrows into the flesh, leaving excrements: uncomfortable memories. The neat avenue doesn't matter. The mite condemns you to feel the itching.

ÁCARO

Barre las hojas con su escoba de vara. Los automovilistas lo esquivan, pero no lo ven. Ven los árboles fastuosos, frondas de estilista, asfaltos frescos. Tú ves al barrendero, que hace su trabajo. O tampoco lo ves a él: ves las hojas que barre. Crees que son basura. El desecho habita en tus ojos, que se esmeran por mirar la pulcritud de la avenida. Tras la impecable tela de tu traje sastre, dentro de la piel frotada con jabones finos, excava un ácaro, que todo arrasa. Provoca una sarna que no se cura con escabicidas. Ni con rascarse hasta los huesos. Este arador cava sus galerías en el pellejo, deja excrementos: recuerdos incómodos. No importa la pulcra avenida. El ácaro te condena a sentir la comezón.

THE FLASHES

LOS DESTELLOS

Iliana Rodríguez

DOWNTOWN

> *You can forget all your troubles, forget all your cares.*
> Tony Hatch

This Avenue is also true:
the clouds in the crystals of buildings,
the vaults of banks—new cathedrals—
the neatness
of the shop windows.

I've reincarnated in a mannequin
of short waist and long legs:
avatar of my perfected self
without humors or monthly debts.

Just flesh sleeping
happily in the perfume.

DOWNTOWN

> *You can forget all your troubles, forget all your cares.*
> Tony Hatch

También es cierta esta Avenida:
las nubes en los cristales de los edificios,
las bóvedas de bancos —catedrales nuevas—,
la pulcritud
de los escaparates.

Reencarno en maniquí
de cintura breve y largas piernas:
avatar de mi yo perfeccionado
sin humores ni deudas mensuales.

Solo carne que duerme
feliz en el perfume.

Iliana Rodríguez

GOUACHE

Avenue in gray hues.
Like gouache, the bushes.

Nobody in the street, because of the rain.
They'll be in bed.
In the trendy café.
In the office.

I can see their silhouettes inside the buildings.
Through the walls.
Their faces: ink in water.

Sketch for the inside.

AGUADA

Avenida en tintas grises.
Como aguada, los arbustos.

Nadie en la calle, por la lluvia.
Estarán en la cama.
En el café de moda.
En la oficina.

Atisbo sus siluetas dentro de los edificios.
A través de las paredes.
Sus rostros: tinta en agua.

Esbozo para los adentros.

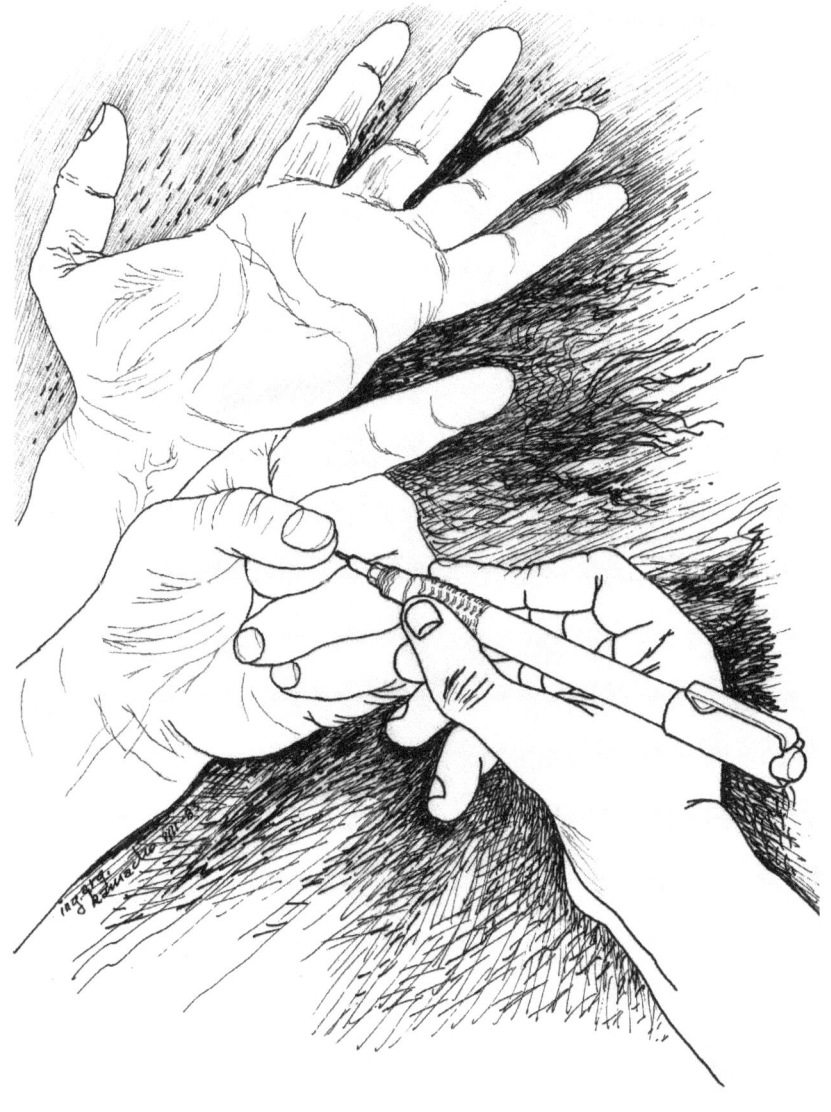

Iliana Rodríguez

STROKES

In the palm of my hand: an ideogram.
The strokes
of a drifting brush.
Ribs of a tree
in ink or blood.
Trace
of my inner city.
Traces of something.

I would like to decipher
the ideogram of my palm:
the sign that it defines.
Then I watch my hand
tracing
these words
with its brush.

TRAZOS

En la palma de mi mano: un ideograma.
Los trazos
de un pincel a la deriva.
Nervaduras de un árbol
en tinta o sangre.
Traza
de mi ciudad interna.
Trazas de algo.

Quisiera descifrar
el ideograma de mi palma:
el signo que define.
Miro entonces que mi mano
traza
con su pincel
estas palabras.

Iliana Rodríguez

THE WHITE ROAD

They're murmuring all of their mineral words
and spreading them on the white road of the night.

They whisper to each other their scented advice.
Their sayings are ephemeral, like flowers.

Will they be asking their questions with their leaves?
Will they be reading the destiny in the dome?

Will they be moving in their fortunate fronds,
the stars like ripe fruits hanging from their branches?

(Will they have their feet hurting in the asphalt?)
(Will they be disturbed by the noise of their street?)

EL BLANCO CAMINO

Rumoran sus palabras minerales
en el blanco camino de la noche.

Perfumados consejos se susurran.
Efímeros sus dichos, como flores.

¿Lanzarán sus preguntas con sus hojas?
¿Leerán en la bóveda el destino?

¿Moverán en las frondas venturosas
los astros como frutos en sus ramas?

(¿Les dolerán los pies en el asfalto?)
(¿Los turbará el barullo de su calle?)

THE SECRETS

The trees, at night,
open their aromatic fronds.
They dream of the high road of the heavens.

They dance, sleepwalkers:
their roots kept in beds.
They would want to reach
the flaming fruits
of height.

They throb.
Their mineral blood drags
the dark secrets
of my street.

LOS SECRETOS

Los árboles, de noche,
abren sus frondas aromadas.
Sueñan el alto camino de los cielos.

Danzan, sonámbulos:
sus raíces detenidas en arriates.
Quisieran alcanzar
los frutos en llamas
de la altura.

Laten.
Su sangre mineral arrastra
los secretos oscuros
de mi calle.

Iliana Rodríguez

POLYHEDRON

Outside, terrace of a café, morning.
The lights bursting on the crystal.
Four diners, a dog under the table.
Warm honey, the labrador;
brown, a man's sweater.
The shirts, warm colors.
The dog's eyes look at me
from the depth of his other afternoon.

Dissolution.

Inside, same café, morning.
A woman writes on her tablet.
Gray silk scarf.
In brightness, her locks.
She gazes at our dog.

Lights
bursting on the surfaces.

POLIEDRO

Exterior, terraza de un café, mañana.
Restallan las luces en el cristal.
Cuatro comensales, un perro bajo la mesa.
Miel tibia, el labrador;
marrón, el suéter de un hombre.
Las camisas, colores cálidos.
Los ojos del perro me miran
desde la profundidad de su otra tarde.

Disolvencia.

Interior, mismo café, mañana.
Una mujer escribe en su tableta.
Mascada de seda gris.
En brillo, sus guedejas.
Contempla a nuestro perro.

Restallan
las luces en las superficies.

Iliana Rodríguez

STAR-SOAKED WINDSHIELD

Rainy night.
Of lustrous streets,
like rivers.
Of buildings like trees.
Of motorcycles like insects.
Fireflies, the lanterns.

A night to go around
with a star-soaked
windshield.

PARABRISAS MOJADO POR ESTRELLAS

Noche de lluvia.
De lustrosas calles,
como ríos.
De edificios como árboles.
De motocicletas como insectos.
Luciérnagas, los faros.

Noche para circular
con el parabrisas
mojado por estrellas.

Iliana Rodríguez

NIGHT

Night
of long avenues
as expectations.

NOCHE

Noche
de avenidas largas
como esperanzas.

Iliana Rodríguez

RABBIT ON THE RUN

1

A puddle on the avenue:
clouds, trees, birds,
brand new buildings.
I'd like to cross its threshold,
to travel to that improved
world.

2

What would I find
behind the water's threshold?
Shades
of trees, ghosts
of clouds,
bird mirages?
Specters
of buildings?

CONEJO EN FUGA

1

Un charco en la avenida:
nubes, árboles, pájaros,
flamantes edificios.
Quisiera cruzar su umbral,
transitar a ese mundo
mejorado.

2

¿Qué me encontraría
tras el umbral del agua?
¿Sombras
de árboles, fantasmas
de nubes,
espejismos de aves?
¿Espectros
de edificios?

Iliana Rodríguez

3

I keep waiting on this street,
between debris, smoke and noise.

The puddle promises me
a land of wonders,
but it does not want to open
its waters.

4

I finally got through
the threshold of water.

Inside:
sky, clouds,
tree on high
and birds.
Buildings or delusions.
—Rabbit on the run.

Just as I dreamed it,
until I discovered
this other
puddle.

3

Sigo esperando en esta calle,
entre escombros, humo y ruido.

El charco me promete
un país de maravillas,
pero no quiere abrir
sus aguas.

4

Al fin pude traspasar
el umbral del agua.

Dentro:
cielo, nubes,
árbol a lo alto
y aves.
Edificios o delirios.
—Conejo en fuga.

Justo como lo soñé,
hasta que descubrí
este otro
charco.

Iliana Rodríguez

TO RISE

Cabin interior:
commands,
mirrors,
steel,
lights,
air conditioning.
I press 20
and I rise
little by little.

Architecture
of steam and wind.

Without toxic substances,
I trust mechanics
and the chemistry of my endorphins.

I ascend
by a prism.
Epiphany.

Down there,
the Walkway extends like a longing.
The city, naked
at last.

Above, the lone light.

ELEVARSE

Interior de la cabina:
comandos,
espejos,
acero,
luces,
clima.
Presiono 20
y me elevo
poco a poco.

Arquitectura
de vapor y viento.

Sin sustancias tóxicas,
me confío a la mecánica.
A la química de mis endorfinas.

Asciendo
por un prisma.
Epifanía.

Abajo,
el Paseo se extiende como un anhelo.
La ciudad, por fin,
desnuda.

Arriba, la sola luz.

Iliana Rodríguez Zuleta
(Mexico City, May 30th, 1969)

Iliana Rodríguez Zuleta received a diploma in Creative Writing from the School of Writers of the General Society of Writers of Mexico, Seventh Generation. She has a PhD from the National Autonomous University of Mexico.

She has published the following poetry books: *Claroscuro* (Mexico, Mixcóatl, 1995), *Efigie de fuego* (Toluca, Mexico State Cultural Institute, 2003), *Embosque* (Mexico, Autonomous University of Mexico City, 2013) and *Lapidario* (Mexico, Fósforo-Secretariat of Public Education-National Institute of Fine Arts-National Council for Culture and Arts, 2013).

Her poems have been collected in the following anthologies and collective books: *Anuario de poesía 1990, Periferia de Eros, Poesía en la Facultad, Las caras del amor, Poesía de raíces mágicas, Mujeres poetas en el País de las Nubes, Conjuro de luces, Espacios urbanos 2009, Changos y poetas, La semilla desnuda, Sueños al viento, Dondepalabra, Cinco siglos de poesía femenina en México, Caracoles extraviados, Estampida de poemínimos uacemitas* and *De Neza York a Nueva York*.

Additionally, her poems have been included in the 2015, 2016 and 2017 *Agendas* of the Poets of the World organization, and in the digital anthologies *Del silencio hacia la luz, Antología virtual contra la violencia* and *Escritores y artistas de Latinoamérica por Ayotzinapa*.

She participated, with poems in prose, in the book of visual arts, *Identidad sin género*, a project financed by a grant from the Secretariat of Science, Technology and Innovation of Mexico City; her poems in prose were integrated to the homonymous exhibitions. A mini-fiction by Iliana Rodríguez was published in the anthology *Yo no canto, Ulises, cuento*.

She was one of the founders of the *Revista Electrónica de Literatura Mexicana* (*Relim*), which in 2000 was recognized by the iBest award as one of the ten best art and culture websites in Mexico. For more than ten years she has collaborated in the *Suplemento Cultural y Literario* of the newspaper *Unión* (informational organ of the Union of Workers of the National Autonomous University of Mexico).

She has published poems, reports, articles and reviews in the following newspapers and magazines: *Punto, Los libros tienen la palabra, El Nacional, La Jornada, Diario de Colima, Plural, Mar de tinta, Cultura Urbana* and *Dosfilos*, as well as in the digital magazines *AlterTexto, Nomastique* and *Monociclo*. In 1984, at the age of fifteen, the magazine *Vuelta* published a unique palindrome of hers in the section of Gabriel Zaid, "La vida aleve."

She has given workshops on poetry for the diploma of the Center for Literary Creation Xavier Villaurrutia of the National Institute of Fine Arts. She is currently a full-time professor and researcher in Creative Writing, at the Autonomous University of Mexico City-Del Valle campus.

Iliana Rodríguez Zuleta
(Ciudad de México, 30 de mayo de 1969)

Estudió el Diplomado en Creación Literaria en la Escuela de Escritores de la Sociedad General de Escritores de México, séptima generación. Es Doctora en Letras por la Universidad Nacional Autónoma de México.

Ha publicado los poemarios *Claroscuro* (México, Mixcóatl, 1995), *Efigie de fuego* (Toluca, Instituto Mexiquense de Cultura, 2003), *Embosque* (México, Universidad Autónoma de la Ciudad de México, 2013) y *Lapidario* (México, Fósforo-Secretaría de Educación Pública-Instituto Nacional de Bellas Artes-Consejo Nacional para la Cultura y las Artes, 2013).

Sus poemas han sido recogidos en las antologías y los libros colectivos *Anuario de poesía 1990*, *Periferia de Eros*, *Poesía en la Facultad*, *Las caras del amor*, *Poesía de raíces mágicas*, *Mujeres poetas en el País de las Nubes*, *Conjuro de luces*, *Espacios urbanos 2009*, *Changos y poetas*, *La semilla desnuda*, *Sueños al viento*, *Dondepalabra*, *Cinco siglos de poesía femenina en México*, *Caracoles extraviados*, *Estampida de poemínimos uacemitas* y *De Neza York a Nueva York*.

Asimismo, sus poemas han sido incluidos en las *Agendas* 2015, 2016 y 2017 de la organización Poetas del Mundo y en las antologías de formato digital *Del silencio hacia la luz*, *Antología virtual contra la violencia* y *Escritores y artistas de Latinoamérica por Ayotzinapa*.

Participó, con poemas en prosa, en el libro de artes visuales *Identidad sin género*, proyecto financiado por una beca de la Secretaría de Ciencia, Tecnología e Innovación de la Ciudad de México; sus poemas en prosa se integraron en las exposiciones homónimas. Una minificción suya apareció en la antología *Yo no canto, Ulises, cuento*.

Fue una de las fundadoras de la *Revista Electrónica de Literatura Mexicana* (*Relim*), que el premio iBest reconoció en el año 2000 como uno de los diez mejores sitios web de arte y cultura en México. Ha colaborado, por más de diez años, en el *Suplemento Cultural y Literario* del periódico *Unión* (órgano informativo del Sindicato de Trabajadores de la Universidad Nacional Autónoma de México).

Ha publicado poemas, reportajes, artículos y reseñas en los periódicos y revistas *Punto, Los libros tienen la palabra, El Nacional, La Jornada, Diario de Colima, Plural, Mar de tinta, Cultura Urbana* y *Dosfilos*, así como en las revistas digitales *AlterTexto, Nomastique* y *Monociclo*. En 1984, a la edad de quince años, la revista *Vuelta* le publicó una curiosidad palindrómica en la sección de Gabriel Zaid, "La vida aleve".

Ha impartido talleres de poesía en el Diplomado del Centro de Creación Literaria Xavier Villaurrutia del Instituto Nacional de Bellas Artes. Actualmente es profesora-investigadora de tiempo completo de la licenciatura en Creación Literaria, en la Universidad Autónoma de la Ciudad de México, Plantel Del Valle.

Guillermo Rodríguez Camacho
(Mexico City, 1927-2008)

Guillermo Rodríguez Camacho was a painter, graphic artist and architect. He studied painting at the School of Painting and Sculpture "La Esmeralda," and architecture at the National Polytechnic Institute. As a graphic artist, he was part of the Popular Graphic Workshop. He participated in the elaboration of the murals of the Belisario Domínguez school and he worked as assistant painter in murals by David Alfaro Siqueiros, Luis Arenal, Raúl Anguiano and Luis Covarrubias. He was a member of the cultural association Garden of the Art. As an architect, he was involved with the restoration of churches, the construction of hospitals, and, in the Commission for the Promotion of Academic Activities (COFAA), with the construction and equipping of the schools of the National Polytechnic Institute.

Guillermo Rodríguez Camacho
(Ciudad de México, 1927-2008)

Guillermo Rodríguez Camacho fue pintor, grabador y arquitecto. Estudió pintura en la Escuela de Pintura y Escultura "La Esmeralda", y arquitectura en el Instituto Politécnico Nacional. Como grabador, perteneció al Taller de Gráfica Popular. Participó en la elaboración de los murales de la escuela Belisario Domínguez y se desempeñó como ayudante pintor en murales de David Alfaro Siqueiros, Luis Arenal, Raúl Anguiano y Luis Covarrubias. Fue integrante de la asociación cultural Jardín del Arte. Como arquitecto, se dedicó a la restauración de iglesias, a la construcción de hospitales, y, en la Comisión para el Fomento de Actividades Académicas (COFAA), a la construcción y equipamiento de escuelas del Instituto Politécnico Nacional.

www.ingramcontent.com/pod-product-compliance
Lightning Source LLC
Chambersburg PA
CBHW032133040426
42449CB00005B/226